BEI GRIN MACHT SICH II
WISSEN BEZAHLT

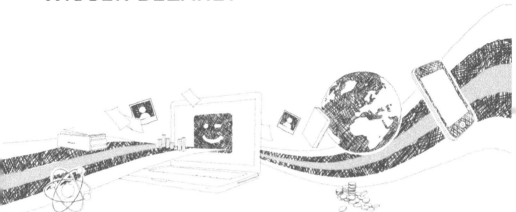

- Wir veröffentlichen Ihre Hausarbeit,
  Bachelor- und Masterarbeit

- Ihr eigenes eBook und Buch -
  weltweit in allen wichtigen Shops

- Verdienen Sie an jedem Verkauf

Jetzt bei www.GRIN.com hochladen
und kostenlos publizieren

Thomas Hoffmann

Seitenkanalangriffe: Power Analysis

GRIN Verlag

Bibliografische Information der Deutschen Nationalbibliothek:

Die Deutsche Bibliothek verzeichnet diese Publikation in der Deutschen National-
bibliografie; detaillierte bibliografische Daten sind im Internet über http://dnb.d-
nb.de/ abrufbar.

Impressum:

Copyright © 2013 GRIN Verlag GmbH
Druck und Bindung: Books on Demand GmbH, Norderstedt Germany
ISBN: 978-3-656-54740-2

Dieses Buch bei GRIN:

http://www.grin.com/de/e-book/264787/seitenkanalangriffe-power-analysis

GRIN - Your knowledge has value

Der GRIN Verlag publiziert seit 1998 wissenschaftliche Arbeiten von Studenten, Hochschullehrern und anderen Akademikern als eBook und gedrucktes Buch. Die Verlagswebsite www.grin.com ist die ideale Plattform zur Veröffentlichung von Hausarbeiten, Abschlussarbeiten, wissenschaftlichen Aufsätzen, Dissertationen und Fachbüchern.

Besuchen Sie uns im Internet:

http://www.grin.com/

http://www.facebook.com/grincom

http://www.twitter.com/grin_com

Seitenkanalangriffe: Power Analysis

Thomas Hoffmann

19. Juli 2013

1 Einführung

1.1 Seitenkanalangriffe

Moderne Verschlüsselungsalgorithmen sind unter theoretischen Aspekten sehr schwer zu brechen, allerdings wurde bei Sicherheitsbewertungen bis vor einigen Jahren kaum auf die reale Implementierung von Kryptographie-Systemen geachtet. Fehlen entsprechende Gegenmaßnahmen, so ist es oft effizienter und schneller, physische Angriffe gegen ein System zu verwenden anstatt zu versuchen, durch theoretische Überlegungen einen modernen Verschlüsselungsalgorithmus zu brechen oder den Schlüssel durch Brute-Force zu erraten. Selbst Implementierungen von informationstheoretisch beweisbar sichere Verfahren, wie das One-Time-Pad, sind durch diese Methoden angreifbar. Werden Informationen aus physikalische Eigenschaften einer Implementierung verwendet um ein System anzugreifen, so spricht man allgemein von Seitenkanalangriffen. Beispiele hierfür sind unter anderem die Laufzeit und der Stromverbrauch während Berechnung oder gar die durch das Gerät verursachten Geräusche: Durch Schallanalyse eines Druckers kann beispielsweise der Inhalt der gedruckten Seiten herausgefunden werden [BDG⁺10].

1.2 Physikalische Grundlagen

Digitale Kryptographiesysteme, wie beispielsweise Smartcards, sind aus integrierten Schaltkreisen aufgebaut, welche wiederum aus vielen Transistoren bestehen. Transistoren sind aktive elektronische Bauelemente, welche zum Schalten von Strömen verwendet werden. Am meisten Verbreitung finden heutzutage so genannte Feldeffekttransistoren (FET), welche drei Anschlüsse besitzen: Diese werden als Source, Drain und Gate bezeichnet. In einem FET wird ein Stromfluss zwischen Source- und Drain-Anschluss dadurch geschaltet, indem eine Spannung zwischen Source und Gate angelegt wird oder nicht. In der heutzutage weit verbreiteten CMOS-Technologie besteht jede Komponente aus mindestens zwei solcher Transistoren, die komplementär geschaltet werden: Leiten die Transistoren im so genannten p-Netz, so sperren die entsprechenden Transistoren im n-Netz und umgekehrt. Dadurch fließt im statischen Zustand der Komponente kein nennenswerter Strom. Beim Schalten hingegen leiten kurzzeitig beiden Netze, so das ein Kurzschluss zwischen Versorgungsspannung und Masse entsteht und Strom fließen kann. Dies macht sich in einer kurzzeitig erhöhten Leistungsaufnahme des System sowie in der auf Grund von Elektronenbewegung entstehenden elektromagnetischer Wellen bemerkbar, was durch entsprechende Messgeräte registriert werden kann.

Dieses Verhalten kann durch das „Hamming-Weight" oder das „Hamming-Distance"-Modell modelliert werden. Die Hamming-Distanz zweier Datenwörter bezeichnet die Anzahl an notwendigen Bitflips, um von einem Wort auf das andere zu schalten, was wie eben erläutert, einen entsprechenden Stromfluss zur Folge hat. Das Hamming-Gewicht eines Wortes $a \in \{0,1\}^n$ entspricht der Hamming-Distanz zwischen a und 0^n, bezeichnet also die Anzahl an Bits mit dem Wert 1 in a.

Beide Modelle können beispielsweise bei der Analyse eines Datenbusses zum Einsatz kommen: Wird

1

der Bus nach jeder Übertragung zurückgesetzt, so hängt der Stromverbrauch nur von der Anzahl übertragener Bits mit Wert 1 ab, man verwendet dann das „Hamming-Weight"-Modell. Auf vielen Architekturen wird das Bus-System aber nicht nach jedem Transfer auf 0 gesetzt und auf dem Bus liegt noch der Wert des Op-Codes des Befehls (Von-Neumann-Architektur) oder das vorherig übertragene Datum (Harvard-Architektur) an. Die für den Transport des neuen Datums nötige Energie ist dann proportional zur Hamming-Distanz der beiden Werte (also zur Anzahl an Bitänderungen). Dies wird dann durch das „Hamming-Distance"-Modell abgebildet.

Bei der Messung wird im Allgemeinen die Spannungsdifferenz vor und nach einem Bauelement mit bekanntem Widerstand R gemessen und über die Formel $I = \frac{U}{R}$ die entsprechende Stromstärke berechnet. Ein Stromfluss kann aber auch über das resultierende elektromagnetische Feld um den Leiter beziehungsweise die daraus entstehenden elektromagnetischen Wellen gemessen werden: Werden Elektronen in einem Leiter bewegt, so entsteht um diesen Leiter ein Magnetfeld. Ein Teslameter besteht im wesentlichen aus einer Spule, welche in das Magnetfeld eingebracht wird. Dadurch induziert das Feld eine messbare Spannung in die Spule, welche proportional zur Magnetfeldstärke ist. Der Auf- und Abbau dieses Magnetfeldes, erzeugt wiederum ein elektrisches Feld, welches mit Hilfe eines Kondensators gemessen werden kann: Das elektrische Feld um den Kondensator erzeugt bei kurzgeschlossenen Kondensatorplatten zwischen diesen einen Stromfluss, welcher von der Feldstärke abhängt. Die Änderung des elektrischen Feldes erzeugt dann wieder ein magnetisches Feld, so dass man insgesamt von einem elektromagnetischen Feld (EM-Feld) spricht. Durch das periodische Auf- und Abbauen der beiden Felder breitet sich das EM-Feld im Raum aus, was als elektromagnetische Welle bezeichnet wird.

1.3 Angriffsmodell

Um Seitenkanalangriffe durchführen zu können, ist in der Regel eine geringe Entfernung beziehungsweise direkter Zugriff auf das zu brechende System erforderlich. Für „Power Analysis" Angriffe wie in Abschnitt 2 beschrieben muss beispielsweise die Leistungsaufnahme mit sehr hoher Frequenz gemessen werden, was direkte Messpunkte auf dem Gerät selbst erfordert. Über intelligente Stromzähler (Smart-Meter) ist es zwar heutzutage schon möglich, anhand des gemessenen Stromverbrauchs beispielsweise den eingeschalteten Sender eines Plasma-Fernsehers zu ermitteln, für die im folgenden vorgestellten Angriffe reicht die dabei erzielte Auflösung aber keinesfalls aus. Stattdessen müssen sensible Oszilloskope mit Abtastraten im Bereich von Milliarden Abtastungen pro Sekunde eingesetzt werden um mit der immer schneller werdenden Taktfrequenz der Systeme mithalten zu können.

Auf Grund dieser Einschränkungen sind vor allem SmartCards das Ziel der hier vorgestellten Seitenkanalangriffe. Als SmartCard oder Chipkarte werden Plastikkarten bezeichnet, die mit einem (meist einfachen 8-Bit) Prozessor und etwas Arbeits- und Festspeicher ausgestattet sind. Eine SmartCard besitzt im Allgemeinen keine eigene Stromversorgung und auch keinen Taktgeber, es sind daher spezielle Lesegeräte erforderlich um auf die Daten des Chips zugreifen zu können. Dadurch kann der Stromverbrauch direkt am Lesegerät abgelesen werden und es sind keine invasiven Eingriffe in die Hardware notwendig. Ziel der Angriffe ist es meistens, einen auf dem Chip gespeicherten geheimen Schlüssel zu ermitteln.

1.4 Data Encryption Standard

Beim Data Encrpytion Standard (DES) handelt es sich um einen immer noch weit verbreiteten Verschlüsselungsalgorithmus, welcher durch seinen vergleichsweise geringen Schlüsselraum aber als nicht mehr sicher angesehen wird. Nichtsdestotrotz ist der DES strukturell bislang nicht gebrochen und viele andere Blockchiffren, wie beispielsweise der DES-Nachfolger AES, sind dem DES in seiner Struktur sehr ähnlich.

Der DES basiert auf 16 so genannten Feistel-Runden, wobei aus dem eigentlichen 56-Bit Schlüssel für jede Runde ein anderer 48 Bit Rundenschlüssel erzeugt wird. In jeder Runde i wird das XOR der rechten Hälfte R_i des 64-Bit langen Nachrichtenblocks mit dem Rundenschlüssel K_i berechnet und anschließend eine Substitution mit Hilfe von 8 unterschiedlichen S-Boxen durchgeführt. Abschließend wird das Ergebnis permutiert und das XOR mit der linken Nachrichtenhälfte L_i berechnet. Eingangsdaten der nächsten Runde sind dann die unveränderte Hälfte R_i als L_{i+1} sowie das eben berechnete XOR als R_{i+1}. Auf Grund der Feistel-Struktur kann durch den selben Algorithmus mit umgekehrter Reihenfolge der Rundenschlüssel wieder eine Entschlüsselung realisiert werden. Der DES ist in Abbildung 2 skizziert.

2 Power Analysis

In [KJJ99] stellen Paul Kocher et al. zwei Analysemethoden vor, welche sich den Stromverbrauch eines Gerätes zunutze machen und zeigen, wie dadurch ein Angriff auf den DES durchgeführt werden kann.

2.1 Simple Power Analysis

Bei einer „Simple Power Analysis" (SPA) Attacke versucht der Angreifer direkt über die gemessene Leistungsaufnahme eines Gerätes Aufschluss über dessen Programmablauf zu erlangen. Bei einfachen Systemen kann dadurch beispielsweise ermittelt werden, ob bedingte Sprünge im Code genommen werden (siehe Abbildung 1) oder was der Operand einer arithmetischen Operation ist. Da der verwendete Schlüssel oft den Ablauf eines Verschlüsselungsalgorithmus beeinflusst, kann über diese Informationen der Schlüssel rekonstruiert werden.

Beispiel: Bei einer RSA-Verschlüsselung muss u.a. die Operation $y = m^k \bmod N$ ausgeführt werden, wobei k den geheimem Schlüssel bezeichnet. Solche Potenzen werden auf vielen Architekturen mit dem „Square & Multiply"-Verfahren berechnet, welches wie folgt funktioniert:

1. Zu Beginn wird $y = 1$ gesetzt

2. Ausgehend vom MSB wird k Bit für Bit durchlaufen

3. Ist das aktuelle Bit eine 0, so wird y quadriert. Trifft man stattdessen auf eine 1, so wird y quadriert und mit m multipliziert

Wie in Schritt 3. ersichtlich, hängen die ausgeführten Maschinenbefehle direkt vom Schlüssel k ab. Über eine SPA kann nun herausgefunden werden, wann lediglich quadriert wird und wann zusätzlich eine Multiplikation durchgeführt wird. Dies gibt Auskunft darüber, auf welchen Wert das entsprechende Bit im Schlüssel gesetzt ist.

2.2 Differential Power Analysis

Auf Feistel-Runden basierende Blockchiffren wie der in Abschnitt 1.4 vorgestellte DES sind wesentlich einfacher zu brechen, wenn die Zwischenergebnisse nach den einzelnen Runden bekannt sind. Es sei $Z_1 = \{0,1\}^{32}$ das Zwischenergebnis der ersten Runde, $K_1 = \{0,1\}^{48}$ der erste Rundenschlüssel und $R_0 = \{0,1\}^{32}$ die rechte Hälfte des Klartextes $M = \{0,1\}^{64}$ nach Anwendung der Initialpermutation. Es gilt also $Z_1 = f(K_1,R_0)$, wenn f die Substitution durch die S-Boxen sowie anschließender Permutation bezeichnet. Bezeichne nun $Z_1[i] = \{0,1\}$ den Wert des i-ten Bits von Z_1. Durch Anwendung einer „Differential Power Analysis" (DPA) erhält man nun indirekt Informationen über die Zwischenergebnisse: Der Stromverbrauch in den weiteren 15 Runden wird nämlich durch die Werte der einzelnen Bits des Zwischenergebnisses Z_1 beeinflusst. Konkret verläuft ein wie in Abbildung 3 skizzierter DPA-Angriff wie folgt:

3

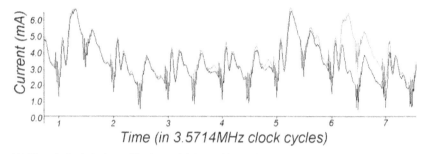

Abbildung 1: Zwei überlagerte Messkurven bei der Ausführung eines bedingten Sprungs: In der roten Kurve wurde der Sprung durchgeführt, was gegenüber der schwarzen Kurve zu einem erhöhten Ladungsfluss in Takt 6 führte [KJJ99].

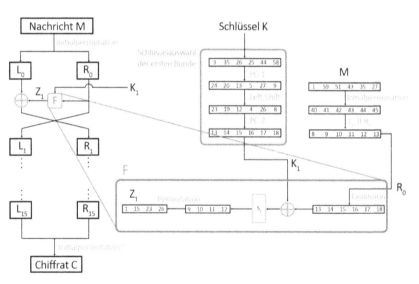

Abbildung 2: Grundsätzlicher Aufbau des DES sowie die Bitstellen des Schlüssels K und der Nachricht M, welche für die Berechnung von $Z_1[1]$ benötigt werden.

4

1. Zunächst wird die Leistungsaufnahme des Systems während mehreren Durchläufen des Verschlüsselungsalgorithm mit verschiedenen Input-Daten aufgezeichnet. Die Eingabedaten werden als $M = \{M_1, \ldots, M_N\}$ gespeichert, die Stromverbrauchskurven in der Liste $P = \{P_1, \ldots, P_N\}$. Bei Systemen, die keine speziellen Gegenmaßnahmen (siehe Abschnitt 4) gegen DPA implementieren, reichen wenige Tausend Verschlüsselungen im Allgemeinen aus. In [GP99] bemerken Goubin und Patarin das für ihren Angriff auf die DES-Implementierung einer SmartCard 512 verschiedene Eingaben ausreichen würden.

2. Nun wird ein Teil des ersten Rundenschlüssel geraten, so dass sich ein einzelnes Bit von Z_1 berechnen lässt, beispielsweise $Z_1[1]$. Da $Z_1[1]$ nur von den bekannten Bits aus M und den unbekannten Bits $3, 25, 26, 35, 44, 58$ des Rundenschlüssels abhängig ist (siehe Abbildung 2), beschränkt sich die zu ratende Hyptothese auf lediglich diese 6 Bits.

3. Es sei $D(M_j, b, k) = Z_1[b]$ die Funktion, welche $Z_1[b]$ bei Verwendung der Nachricht M_j und der Schlüsselhypothese $k = \{0, 1\}^6$ berechnet. Um nun k zu verifizieren, wird zunächst $D(M_j, b, k)$ für alle aufgezeichneten Nachrichten M unter Verwendung von k berechnet und die Leistungskurven P entsprechend des Wertes $Z_1[b]$ in zwei Klassen unterteilt: $K_0 = \{p_i \in P | D(M_i, b, k) = 0\}$ und $K_1 = \{p_i \in P | D(M_i, b, k) = 1\}$.

4. Für jede Menge K_x wird nun der Durchschnittswert aller Elemente zu jedem Zeitpunkt berechnet. Es seien $\overline{K_0}$ und $\overline{K_1}$ die daraus resultierenden Durchschnittskurven.

5. War die Hypothese k korrekt, so befinden sich in K_x alle die Kurven, bei denen das b-te Bit des Zwischenergebnis tatsächlich x war. Im weiteren Verlauf des Algorithmus sollte nun also an jeder Stelle, an denen das b-te Bit des ersten Zwischenergebnisses weiterarbeitet wird, zu unterschiedlichem Strombedarf in den beiden Klassen kommen. Dadurch sollte an diesen Stellen ein Peak in der Funktion $\overline{K_0} - \overline{K_1}$ erkennbar sein.

6. War die Hypothese hingegen falsch, so befinden sich sowohl in K_0 als auch in K_1 Stromverbrauchskurven, bei deren Ausführung $Z_1[b] = 1$ war. Es sollte daher also $\overline{K_0} \approx \overline{K_1}$ und somit $\overline{K_0} - \overline{K_1} \approx 0$ gelten.

7. Analog werden dann weitere Bits der verbleibenden sieben S-Boxen angegriffen, bis sich schließlich alle 48 Bits des ersten Rundenschlüssels bekannt sind.

8. Die restlichen 8 Bits des Gesamtschlüssels können dann leicht über einen Brute-Force Angriff gefunden werden.

Auf Grund der Feistel-Struktur kann der Angriff analog während der Entschlüsselung durchgeführt werden: Statt Z_1 und den Klartextnachrichten M betrachtet man dann Z_{16} unter Zuhilfenahme der bekannten Ciphertexten C.

2.3 Correlation Power Analysis

Eine weitere Analysemethode ist die „Correlation Power Analysis" (CPA), in welcher die Korrelation zwischen Stromverbrauch und der Hamming-Distanz zweier Daten untersucht wird, um eine Schlüsselhypothese zu validieren. Da hierfür in der Regel weniger Messkurven als bei einer DPA-Attacke ausreichen, wird die CPA oft als effizientere Analysemethode bezeichnet [MOP07]. Die grundlegende Idee dieser Methode: Der Schlüssel beeinflusst die Hamming-Distanz zweier Daten R und D, welche wiederum den Strombedarf beeinflusst. CPA basiert daher auf dem „Hamming-Distance"-Modell, welches einen linearen Zusammenhang zwischen Strombedarf P und der Hamming-Distanz der beiden Datenwörter R und D beschreibt. Die Hamming-Distanz lässt sich über das Hamming-Gewicht von $R \oplus D$ berechnen und

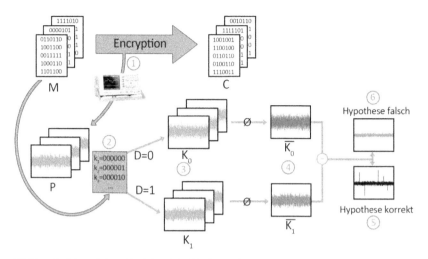

Abbildung 3: Schematischer Ablauf einer DPA. Die Nummerierung entspricht den Schritten im Ablauf in Abschnitt 2.2

wird daher im Folgenden durch $H(D \oplus R)$ ausgedrückt. CPA ist daher eine Variante einer „Multi-Bit DPA" [Aum07], da, im Gegensatz zur ursprünglichen DPA-Methode von Kocher nicht ein einzelnes Schlüsselbit, sondern direkt ein komplettes Datenwort D das Ziel darstellt. Dieses Wort D wird, ausgehend von einer Schlüsselhypothese k, aus dem Referenzzustand R errechnet. R ist hierbei abhängig von der Architektur des Systems und von der angegriffenen Hardwarekomponente: Wird ein zurücksetzender Bus untersucht, so kann $R = 0$ angenommen werden. Ist dagegen beispielsweise ein Prozessor-Register das Ziel, so stellt R den Inhalt dieses Registers vor einer Berechnung mit Ergebnis D dar. Tunstall et al. nutzen in [THM⁺07] beispielsweise, dass in der untersuchten DES-Implementierungen das selbe Register zuerst mit der Klartexthälfte R_0 belegt und später mit dem Zwischenergebnis Z_1 wie in 2.2 beschrieben überschrieben wird. In diesem Fall wäre dann $R = R_0$ und $D = Z_1$. Ist keine Information über den Referenzzustand bekannt, so müssen alle Möglichkeiten hierfür betrachtet werden. Es wird dann nach der Hypothese k gesucht, bei welcher die Korrelation zwischen errechneter Hamming-Distanz und gemessener Leistungsaufnahme maximal ist.

Der konkrete Ablauf einer CPA gestaltet sich dann wie folgt:

1. Es wird, wie bei DPA, zunächst eine Menge von Klartextnachrichten M verschlüsselt und dabei jeweils die Kurve der Leistungsaufnahme in P gespeichert.

2. Ausgehend vom Referenzzustand R_i und einer Schlüsselhypothese k wird nun für jede Nachricht M_i das Datenwort D_i und damit die Hamming-Distanz $H(D_i \oplus R_i)$ berechnet. Für jede Schlüsselhypothese k werden nun diese Hamming-Distanzen in einer Liste A_k abgelegt. Ist R_i unbekannt, so muss für jeden möglichen Wert eine solche Liste berechnet werden.

3. Es sei $P_i[t_0]$ der zum Zeitpunkt t_0 gemessene Strombedarf bei Verschlüsselung von M_i. Für jedes k wird nun der Korrelationskoeffizient ρ_k zwischen A_k und der Menge $\{P_1[t_0], P_2[t_0], \ldots P_N[t_0]\}$ berechnet.

4. Ist der genaue Zeitpunkt t_0, zu welchem k und D den Stromverbrauch beeinflussen, nicht bekannt,

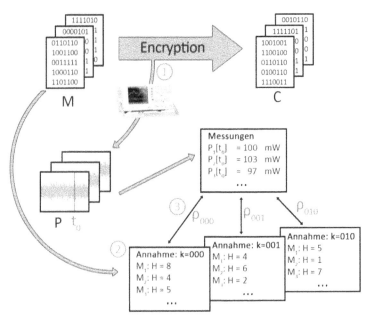

Abbildung 4: Skizzierter Verlauf einer CPA wie in 2.3 beschrieben. Für die korrekte Schlüsselhypothese k wird der Betrag der Korrelation ρ_k maximal.

so kann ρ_k für jedes t errechnet und daraus eine Kurve gebildet werden. Anhand dieser kann dann der zu betrachtende Zeitraum auf die Zeitpunkte mit hohen Korrelationswerten eingrenzt werden.

5. Gesucht ist das k, welches die Korrelation ρ_k zwischen der Annahme A_k und der tatsächlicher Messung P maximiert.

ρ_k bezeichnet in der Literatur meistens den Pearson-Korrelationkoeffizient, welcher sich nach der Formel $\rho(P,A_k) = \frac{cov(P,A_k)}{\sigma(P)\cdot\sigma(A_k)}$ berechnet lässt. Hierbei bezeichnet $cov(P,A_k)$ die Kovarianz zwischen der Messung P und den angenommenen Hamming-Distanzen in A_k und $\sigma(X)$ die Standardabweichung von X.

Bei unbekanntem Referenzzustand R eignet sich CPA vor allem für kleinere Mikroprozessoren, welche mit relativ kurzen Datenwörter (8-16 Bit) arbeiten. Bei 32 oder gar 64-Bit Architekturen ist es nicht mehr effizient, für jedes mögliche R und jedes mögliche k die Korrelationen zu berechnen. Stattdessen wird in diesem Fall eine Hypothese über nur l-Bits des insgesamt m-Bit langen Datenwortes R getroffen und die partielle Korrelation

$$\rho(P,A_k)_{l/m} = \rho(P,A_k)\sqrt{\frac{l}{m}}$$

berechnet. Dies kann dazu führen, dass die Korrelationen von korrekter und falscher Schlüsselhypothese ähnlich groß werden und der gesuchte Schlüssel nicht mehr einfach aus der maximale Korrelation ersichtlich ist.

2.4 Higher-Order Differential Power Analysis

DPA-resistente Systeme können schließlich noch mit der komplexeren „Higher-Order Differential Power Analysis" (HO-DPA) angegriffen werden, welche nach Joye et al. die „einzig bekannte Methode, die mächtig genug ist, reale DPA-sichere Sicherheitsprodukte zu brechen" [JPS05].

Bei einer Differential Power Analyse der Ordnung n werden gleichzeitig n Punkte der Stromverbrauchs-kurve untersucht, womit bei jedem Durchlauf direkt mehrere Zwischenergebnisse angegriffen werden. In [Mes00] illustriert Messerges den Vorteil einer Second-Order DPA am Beispiel einer maskierten Key-Whitening Operation: Bei einigen Verschlüsselungsalgorithmen, wie beispielsweise beim AES-Kandidaten „Twofish" wird als erste Operation das XOR des Klartextes M und des Schlüssels K berechnet und auf diesem anschließende die eigentliche Verschlüsselung durchgeführt. Solch eine XOR-Operation mit dem geheimen Schlüssel ist aber sehr anfällig gegen einfache DPA Angriffe: Der Stromverbrauch zum Zeitpunkt dieses XOR ist lediglich abhängig vom bekannten Klartext M sowie dem geheimen Schlüssel K, es können daher direkt an der Messkurve einzelne Schlüsselbits abgelesen werden. Um sich davor zu schützen wird bei DPA-resistenten Verfahren daher meist ein zusätzlicher Maskierungsschritt durchgeführt, wie in Abbildung 5 dargestellt. Dabei wird zunächst zum Zeitpunkt t_0 ein zufälliger Wert R erzeugt und zum Zeitpunkt t_1 das XOR von diesem R mit dem Klartext M berechnet. Dieses $M \oplus R$ ist dem Angreifer nicht bekannt und bei jeder Ausführung unterschiedlich, da R bei jedem Lauf des Algorithmus zufällig und unabhängig gezogen wird. $M \oplus R$ durchläuft nun den Algorithmus, wie dies vorher M getan hat. Parallel dazu werden auf R geeignete Operationen durchgeführt, um diese Maske am Ende des Algorithmus wieder durch XOR herausrechnen zu können. Die Key-Whitening-Operation $M \oplus K$ wird dadurch zu $M \oplus R \oplus K$ und ist mit einer einfachen DPA unanfällig, da R unbekannt und bei jeder Verschlüsselung unterschiedlich ist. Während bei einer DPA erster Ordnung der Wert $\Delta_1(k) = \overline{K_0} - \overline{K_1}$ bei richtiger Hypothese k betragsmäßig maximal wurde, verwendet man zur Verifikation von k bei einer DPA zweiter Ordnung den Wert folgender Berechnung:

$$\Delta_2(k) = (\overline{K_0}[t_0] - \overline{K_0}[t_1]) - (\overline{K_1}[t_0] - \overline{K_1}[t_1])$$

8

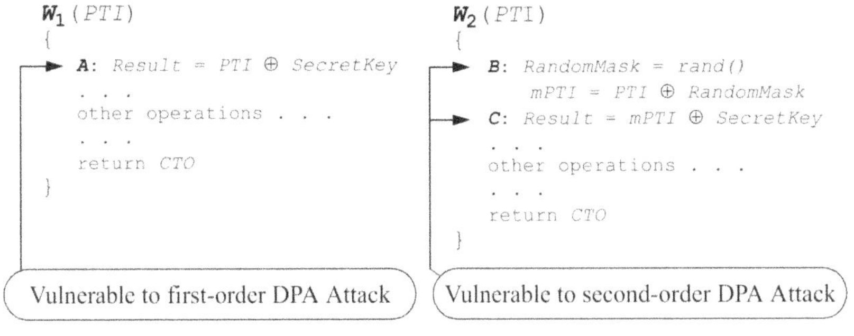

```
W₁(PTI)                                    W₂(PTI)
{                                          {
  ┌─▶ A: Result = PTI ⊕ SecretKey            ┌─▶ B: RandomMask = rand()
  │      . . .                               │         mPTI = PTI ⊕ RandomMask
  │   other operations . . .                 ├─▶ C: Result = mPTI ⊕ SecretKey
  │      . . .                               │      . . .
  │   return CTO                             │   other operations . . .
  │}                                         │      . . .
  │                                          │   return CTO
  │                                          │}
  │                                          │
```

(Vulnerable to first-order DPA Attack)   (Vulnerable to second-order DPA Attack)

Abbildung 5: Mit Second-Order DPA kann die Differenz in der Leistungsaufnahme aus Zeile **B** und **C** betrachtet werden, wodurch sich die Maske herausrechnen lässt [Mes00].

wobei mit $\overline{K_x}[t]$ der Wert von $\overline{K_x}$ zum Zeitpunkt t bezeichnet wird. Auch dieses $\Delta_2(k)$ sollte bei richtiger Schlüsselhypothese k einen Extremwert annehmen. Wie Herbst et al. in [HOM06] anmerken, verhindern weitere Maskierungen nicht den Erfolg einer solchen HO-DPA, da eine Second-Order DPA immer funktioniert, wenn die selbe Maske an zwei unterschiedlichen Stellen im Programm auftaucht. Dies ist aber immer der Fall, da die Maske zuerst generiert werden muss und dann eine Operation mit der Maske und des zu maskierende Datums durchgeführt wird.

Der Einsatz weiterer Maskierungen trägt nicht zur Sicherheit des Systems bei, sondern verschiebt lediglich die für einen erfolgreichen Angriff erforderliche Ordnung der DPA: Ein Verfahren mit n Masken ist weiterhin verwundbar bei Anwendung einer DPA der Ordnung $n+1$.

3 Electromagnetic Analysis

Bereits 1886 konnte Heinrich Hertz in Karlsruhe die Existenz der durch die Maxwell-Gleichungen vorhergesagten elektromagnetischer Wellen nachweisen [Wik13], welche bei einem Stromfluss durch einen Leiter entstehen. Die elektrischen und magnetischen Felder dieser EM-Wellen können in kurzer Entfernung zum Leiter gemessen werden und geben Aufschluss über die darin transportierte Ladungsmenge. Durch die „Electromagnetic Analysis" (EMA) ist die lokale Messung der EM-Felder einzelner Elemente des Systems möglich, ohne Änderungen an der Hardware selbst vornehmen zu müssen - mit herkömmlicher „Power Analysis" ist ohne weitere Hardwareeingriffe nur die Leistungsaufnahme des Gesamtsystems messbar. Bei der Analyse einer bestimmten Einheit, etwa einem Prozessorkern, ist EMA daher weniger anfällig gegen Rauschen anderer Komponenten, beispielsweise von einem DMA-Controller. Da dadurch ein besseres Signal-Rausch-Verhältnis in den Messkurven erkennbar ist, werden weniger Messungen für einen erfolgreichen Angriff benötigt. Ein Angriff über EM-Abstrahlung wird daher als mächtiger als ein Angriff rein auf Grund des Strombedarfes angesehen. Das zu DPA äquivalente Verfahren wird im Kontext der EM-Analyse als „Differential Electromagnetic Analysis" (DEMA) bezeichnet.

4 Gegenmaßnahmen

4.1 Simple Power Analysis

Bei modernen Prozessoren und FPGAs werden viele Befehle parallel ausgeführt, so dass ein direktes Mapping zwischen Stromverbrauch und Maschinenbefehl wie bei einfachen SmartCard-Prozessoren nicht mehr möglich ist. Aber auch einfachere Systeme bieten durch entsprechende Programmierung einen hohen Schutz vor SPA-Attacken: Werden beispielsweise keine geheimen Zwischenergebnisse oder Schlüsselbits für bedingte Sprünge im Programmcode evaluiert, so erschwert dies eine SPA bereits sehr. Zusätzlich werden auf einigen Systemen schwer zu entfernende Hardware-Elemente eingesetzt, welche durch absichtliches Rauschen das Signal-Rausch-Verhältnis reduzieren oder durch Verwendung von Ladungsspeichern die Stromverbrauchskurve glätten. Pierson und Brady schlagen in [PB06] beispielsweise vor, ein zusätzliches AES-Modul zu verbauen, in welchem zeitgleich eine Verschlüsselung mit zufälligen Daten oder mit zufälligem Schlüssel (oder beidem) durchgeführt wird.

4.2 Differential & Correlation Power Analysis

Auch zum Schutz vor DPA und CPA werden häufig Maskierungsmethoden wie zufälliges Rauschen eingesetzt, wodurch mehr Daten für einen erfolgreichen Angriff notwendig werden. Eine Maskierung auf Logik-Ebene kann beispielsweise durch den Einsatz von speziellen Logikgatter erfolgen: Bei „Random Switching Logic" (RSL) Elementen gibt es neben den Eingängen für die Operanden auch welche für zufällige Maskierungssignale, welche in die Berechnung mit einfließen und erst am Ende der RSL-Schaltung wieder herausgerechnet werden. Bei hinreichend vielen Messdaten mittelt sich solcher Zufall aber irgendwann heraus.

Ein weiterer Ansatz besteht darin, die Gatter so zu verändern, dass es bezüglich der Leistungsaufnahme keinen Unterschied mehr macht, ob sich das Ausgabesignal ändert oder über mehrere Takte hinweg konstant bleibt. Bei „Dual-Rail Logic" Elementen wird jedes Eingangs- und Ausgangssignal auch in komplementärer Form zur Verfügung gestellt, wodurch sich die Anzahl notwendiger Signalleitungen verdoppelt (Abbildung 6). Bei „Precharge"-Logik wird jedes Signal vor jedem Takt auf einen festgelegten Wert, beispielsweise 0, gesetzt. Kombiniert man nun diese beiden Ansätze, so erhält man die so genannte „Dual-Rail Precharge Logic" (DPL), bei welcher der Stromverbrauch unabhängig von dem verarbeiteten Datum ist: Da jedes Element in der Precharge-Phase auf 0 gesetzt wurde, ist immer ein Zustandswechsel erforderlich, entweder um das Ausgabesignal q auf 1 zu setzen, oder den invertierten Wert $\bar{q}$. Dadurch erhält ein Angreifer keine Information mehr darüber, ob sich die eigentliche Ausgabe des Gatters nun geändert hat oder konstant geblieben ist. DPL hat den Nachteil, dass solche Schaltungen einerseits wesentlich mehr Platz als herkömmliche CMOS-Schaltungen benötigen und andererseits auch konstant den maximalen Stromverbrauch haben.

Um die Vergleichbarkeit der unterschiedlichen Messungen zu erschweren, können auch zufällige Verzögerungen in der Ausführung eingefügt werden, so dass der selbe Maschinenbefehl in unterschiedlichen Läufen zu unterschiedlichen Zeitpunkten ausgeführt wird. Ein solches Vorgehen wird beispielsweise in [BLGT05] von Bucci et al. vorgestellt. Hierbei muss darauf geachtet werden, dass die eingefügten Verzögerungen nicht direkt als solche im Stromverbrauch erkennbar sind und daher bei der Analyse wieder entfernt werden können. Wird beispielsweise einfach eine Zeit lang keine Operation durchgeführt, so ist der Strombedarf des Systems über diese Dauer hinweg sehr gering. Oftmals besser und einfach umzusetzen ist daher eine Änderung im Programmablauf selbst, zum Beispiel indem die Reihenfolge, in welcher der Lookup in den einzelnen S-Boxen durchgeführt wird, zufällig gewählt wird. Dadurch werden die für einen erfolgreichen Angriff nötigen Daten und Messungen erhöht, weil sich das System viel seltener so verhält wie vermutet und deswegen die Korrelation zwischen angenommenen Daten und tatsächlichem Strombedarf deutlich reduziert wird: Nach Chari et al. erhöht eine zufällige Auswahl der acht S-Boxen den Bedarf an Daten um den Faktor 64 (siehe [CJRR99]). Shengqi Yang et al. beschreiben in [YWV⁺05]

10

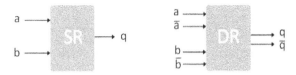

Abbildung 6: Single-Rail (links) und Dual-Rail (rechts) im Vergleich: Bei DR steht jedes Signal auch in invertierter Darstellung zur Verfügung.

ein Verfahren, welches durch zufällige Änderung der Taktfrequenz ebenfalls eine zeitliche Verschiebung der Ausführung zur Folge hat, aber zusätzlich durch eine variable Versorgungsspannung auch die Vergleichbarkeit auf der Leistungsachse in der Stromverbrauchskurve erschwert.

Weitere Maßnahmen sind die Verwendung von „All-or-nothing-Transformationen" (AONT) oder der Einsatz von „Secret Sharing"-Mechanismen. Eine vor den eigentlichen Algorithmus geschaltete AONT ([Riv97]) verhindert das Berechnen von Zwischenergebnissen, bei „Secret Sharing" ([BDD⁺12]) wird eine Variable x in mehrere Teile aufgeteilt (beispielsweise $x = a \oplus b \oplus c$). Die Leistungsaufnahme bei der Verarbeitung einzelner solcher Teile lässt nicht auf den tatsächlichen Wert von x schließen.

4.3 Higher-Order Differential Power Analysis

Nach Messerges [Mes00] helfen viele der Maßnahmen, welche bei DPA-sicherer Hardware eingesetzt werden, auch gegen DPA-Angriffe höherer Ordnung. Im Gegensatz zur konventionellen DPA, wird ein HO-DPA-Angriff aber auch sehr deutlich dadurch erschwert, indem die genauen Implementierungsdetails geheim gehalten werden. Kennt ein Angreifer beispielsweise weder die Zeitpunkte t_0 und t_1 zu welchen eine Maske verarbeitet wird, noch die Differenz $t_1 - t_0$, so ist es ihm auch nicht möglich diese Effekte herauszurechnen.

4.4 Electromagnetic Analysis

Prinzipiell sind zum Schutz vor EM-Angriffen auch alle eben erläuterten Maßnahmen zu Verhinderung von Power Analysis Angriffen geeignet, da die Analyse der elektromagnetischen Feldern auf die Analyse des Stromflusses im Gerät zurückgeführt werden kann. Kann der Stromfluss nicht korrekt analysiert werden, so ist dies im Allgemeinen auch nicht bei dem daraus resultierenden Feldern möglich. Wie in 3 beschrieben, erleichtert EMA aber die lokale Analyse einzelner Komponenten, so das der Einsatz von Rauschen erzeugenden Störelementen weniger effektiv sein kann. Schutz vor nicht-invasiven Angriffen, d.h. ohne Änderungen an der Hardware, bietet außerdem die Verwendung eines Farradayschen-Käfigs, welcher die EM-Strahlung deutlich reduziert.

5 Erweiterungen

Seit Kocher [KJJ99] vor rund 15 Jahren mit der SPA und DPA die ersten „Power Analysis" Angriffe entwickelt hat, ist diese Art von Seitenkanalangriff häufig Thematik bei Veröffentlichungen aus dem Kryptographie Bereich. Einen kleinen Überblick über aktuelle Forschungen auf dem Gebiet sollen die beiden nachfolgenden Abschnitte über „Fast DPA" und das „Signed Distance Model" bieten.

5.1 Fast DPA

Naccache et al. haben sich in [NTW06] damit beschäftigt, die Berechnungen, welche bei einer DPA durchgeführt werden müssen, zu beschleunigen. Zur Konstruktion der DPA-Kurve $\Delta_{DPA} = \overline{K_0} - \overline{K_1}$ müssen zunächst jeweils in beiden Mengen K_0 und K_1 alle Messkurven punktweise addiert und durch die Anzahl der Kurve in K_0 beziehungsweise K_1 geteilt werden. Diese Durchschnittswerte ergeben die Kurven $\overline{K_0}$ und $\overline{K_1}$, über welche dann die punktweise Differenz gebildet werden kann. Bei $N = |K_0| + |K_1|$ Messkurven bedeutet das pro Schlüsselhypothese N Additionen, zwei Divisionen und eine Subtraktion für jeden Messzeitpunkt:

$$\Delta_{DPA}(t) = \frac{\sum_{p_i \in K_0} p_i(t)}{|K_0|} - \frac{\sum_{p_i \in K_1} p_i(t)}{|K_1|} \tag{1}$$

Da die Divisionen und die Subtraktion essentiell zur Bildung der Differenz der Durchschnitte ist, konzentrierten Naccache et al. sich auf die Reduktion der nötigen Additionen. Diese Zahl lässt sich im Schnitt etwa halbieren, indem zuerst die „globale Summe" $G(t) = \sum_{i=1}^{N} p_i$, welche unabhängig von der Schlüsselhypothese ist, berechnet. Diese kann man dann für jede Hypothese wiederverwenden und die Gleichung 1 reduziert sich auf:

$$\Delta_{DPA}(t) = \frac{G(t) - \sum_{p_i \in K_{least}} p_i(t)}{N - |K_{least}|} - \frac{\sum_{p_i \in K_{least}} p_i(t)}{|K_{least}|} \tag{2}$$

Hierbei bezeichne K_{least} die kleinere der beiden Mengen K_0 und K_1.

Zur weiteren Optimierung wurden beispielsweise die Nachrichten aus M in Äquivalenzklassen zusammengefasst: Da bei der Analyse einer bestimmten S-Box nur m Bits der Nachricht Einfluss auf das Ergebnis haben, können alle Nachrichten, bei denen diese m Bit identisch sind, in einer Klasse zusammengefasst werden. Dadurch gilt $K_{least} \leq 2^m$, da es nur maximal 2^m unterschiedliche Äquivalenzklassen geben wird. Naccache et al. konnten den Aufwand bei einer DPA auf einen DES-Algorithmus mit $N = 1000$ Messkurven durch Anwendung der „Global Sum"-Optimierung die Kurvenadditionen pro Hypothese auf nur 487 reduzieren und mit zusätzlicher der Äquivalenzklassen-Optimierung sogar auf 31. Durch weitere Optimierungen und Vorberechnungen waren schlussendlich nur noch knapp 6 solcher Additionen von Kurven pro Hypothese nötig - allerdings bei einem Bedarf an Arbeitsspeicher von über 24 GB.

5.2 Signed Distance Model

In dieser Arbeit wurde bislang bei den Power- und EM-Analysen immer das Hamming-Gewicht- beziehungsweise das Hamming-Distanz-Modell verwendet, um ein Datum in Korrelation zu einem Stromverbrauch zu bringen. Dies ist, wie in Abschnitt 1.2 erläutert, dadurch begründet, dass bei CMOS-Schaltungen beim Ändern ihres Zustandes kurzzeitig Ladung fließt. CMOS-Schaltungen sind aus einem Netz von pMOS- und einem komplementären Netz aus nMOS-Transistoren aufgebaut, so dass in einem festen Zustand immer eines der beiden Netze sperrt und das andere leitet. Während des Zustandes verhindert diese Technik so einen messbaren Stromfluss von der Spannungsquelle (V_{DD}) zur Erdung (GND). Beim Ändern des Zustandes sind auf Grund minimaler Verzögerungen in den Transistoren beide Netze kurzzeitig offen, womit V_{DD} und GND kurzgeschlossen sind. Auf dieser Kurzschlussleistung basieren die eingesetzten Hamming-Modelle.

Peeters et al. führen in [PSQ07] nun ein neues Modell ein, welches sich eine weitere Eigenschaft der CMOS-Technik zunutze macht: Die Gatter und Kabel in Schaltungen speichern, abhängig von ihrer Größe und Länge, eine geringe Kapazität an Ladung. Diese muss, zusätzlich zur Kurzschlussleistung, beim Schalten von der Versorgungsspannung V_{DD} aufgebracht werden - allerdings nur wenn zuvor das pMOS-Netz sperrend war. War das pMOS-Netz leitend, so sind die Kapazitäten bereits geladen und fließen bei nun leitendem nMOS-Netz nach GND ab. Peeters et al. begründen dafür ihr „Signed Distance

Model" welches es erlaubt, den Übergang von 0 → 1 und 1 → 0 zu unterscheiden. Es muss allerdings erst noch ein Verfahren entwickelt werden, welches diese zusätzliche Information auch sinnvoll verwendet, die bekannten DPA und CPA Verfahren ziehen daraus bislang noch keinen Nutzen.

6 Fazit

Reale kryptographische Systeme geben mittels Seitenkanäle eine Menge Informationen preis, welche bei theoretischen Sicherheitsüberlegungen oftmals ignoriert wurden. Die von Paul Kocher vorgestellten Angriffe machen sich erstmals den messbaren Stromverbrauch eines Gerätes zunutze, um an dessen geheimen Schlüssel zu gelangen. Mit der „Differential Power Analysis" steht nun ein sehr mächtiges Verfahren bereit, um viele reale Implementierungen effizient und kostengünstig brechen zu können. Auf Basis der DPA wurden weitere Verfahren entwickelt, wie beispielsweise die in Abschnitt 2.3 vorgestellte „Correlation Power Analysis" oder auch die „Mutual Information Analysis" ([GBTP08]), welche einen sehr generischen Ansatz für verschiedene Seitenkanalangriffe darstellt. Auch die „Electromagnetic Analysis" basiert im wesentlichen auf den selben physikalischen Effekten, allerdings können EM-Felder sehr lokal an bestimmten Hardware-Komponenten gemessen werden. Die vorgestellten Schutzmaßnahmen versuchen unter anderem durch hinzugefügtes Rauschen, Variation der Ausführungsreihenfolge und -zeit, spezielle Hardware und Software-Maskierungen die Korrelation zwischen den verarbeiteten Daten und dem Strombedarf des Systems zu verschleiern. Alle Verfahren erhöhen aber lediglich die Zahl der notwendigen Messungen und Berechnungen und eliminieren nicht das eigentliche Problem. Kocher rät daher dazu, solche Seitenkanalinformationen mit zu betrachten und „mit realistischen Annahmen an die zu Grunde liegende Hardware" ([KJJ99]) an den Entwurf neuer Kryptographie-Systeme zu gehen.

Literatur

[Aum07]   AUMÔNIER, Sébastien: *Generalized Correlation Power Analysis*. Workshop Submission, 2007

[BDD⁺12]   BERTONI, Guido ; DAEMEN, Joan ; DEBANDE, Nicolas ; LE, Thanh-Ha ; PEETERS, Michael ; VAN ASSCHE, Gilles: Power Analysis of Hardware Implementations Protected with Secret Sharing. (2012), S. 9–16. http://dx.doi.org/10.1109/MICROW.2012.12. – DOI 10.1109/MICROW.2012.12

[BDG⁺10]   BACKES, Michael ; DÜRMUTH, Markus ; GERLING, Sebastian ; PINKAL, Manfred ; SPORLEDER, Caroline: Acoustic Side-Channel Attacks on Printers. In: *19th USENIX Security Symposium*, 2010, S. 307–322

[BLGT05]   BUCCI, Marco ; LUZZI, Raimondo ; GUGLIELMO, Michele ; TRIFILETTI, Alessandro: A Countermeasure Against Differential Power Analysis Based on Random Delay Insertion. In: *Circuits and Systems, 2005. ISCAS 2005. IEEE International Symposium on*, 2005, S. 3547–3550 Vol. 4

[CJRR99]   CHARI, Suresh ; JUTLA, Charanjit S. ; RAO, Josyula R. ; ROHATGI, Pankaj: Towards Sound Approaches to Counteract Power-Analysis Attacks. In: *Advances in Cryptology - CRYPTO'99* Springer, 1999, S. 398–412

[GBTP08]   GIERLICHS, Benedikt ; BATINA, Lejla ; TUYLS, Pim ; PRENEEL, Bart: Mutual Information Analysis. In: *Cryptographic Hardware and Embedded Systems–CHES 2008*. Springer, 2008, S. 426–442

[GP99]   GOUBIN, Louis ; PATARIN, Jacques: DES and Differential Power Analysis The "Duplication"Method. In: *Cryptographic Hardware and Embedded Systems* Bd. 1717. Springer Berlin Heidelberg, 1999. – ISBN 978–3–540–66646–2, S. 158–172

[HOM06]   HERBST, Christoph ; OSWALD, Elisabeth ; MANGARD, Stefan: An AES Smart Card Implementation Resistant to Power Analysis Attacks. In: *Applied Cryptography and Network Security* Springer, 2006, S. 239–252

[JPS05]   JOYE, Marc ; PAILLIER, Pascal ; SCHOENMAKERS, Berry: On Second-Order Differential Power Analysis. In: *Cryptographic Hardware and Embedded Systems–CHES 2005*. Springer, 2005, S. 293–308

[KJJ99]   KOCHER, Paul C. ; JAFFE, Joshua ; JUN, Benjamin: Differential Power Analysis. In: *Proceedings of the 19th Annual International Cryptology Conference on Advances in Cryptology*. London, UK, UK : Springer-Verlag, 1999 (CRYPTO '99). – ISBN 3–540–66347–9, 388–397

[Mes00]   MESSERGES, Thomas S.: Using Second-Order Power Analysis to Attack DPA Resistant Software. In: *Cryptographic Hardware and Embedded Systems - CHES 2000* Bd. 1965. Springer Berlin Heidelberg, 2000. – ISBN 978–3–540–41455–1, S. 238–251

[MOP07]   MANGARD, Stefan ; OSWALD, Elisabeth ; POPP, Thomas: *Power Analysis Attacks: Revealing the Secrets of Smart Cards*. Springer Science+Business Media, LLC, 2007 (Advances in information security). http://books.google.de/books?id=YXkASFjeUswC. – ISBN 9780387381626

[NTW06]   NACCACHE, David ; TUNSTALL, Michael ; WHELAN, Claire: Computational Improve-
           ments to Differential Side Channel Analysis. In: *Security and Embedded Systems* 2 (2006),
           S. 26

[PB06]   PIERSON, Matthew ; BRADY, Bryan: Low Cost Differential Power Analysis (DPA) Re-
           sistant Crypto-Chips. In: *EE244 Project Presentation, University of California, Berkeley,
           California* (2006)

[PSQ07]   PEETERS, Eric ; STANDAERT, François-Xavier ; QUISQUATER, Jean-Jacques: Power and
           Electromagnetic Analysis: Improved Model, Consequences and Comparisons. In: *Integra-
           tion, the VLSI journal* 40 (2007), Nr. 1, S. 52–60

[Riv97]   RIVEST, Ronald L.: All-Or-Nothing Encryption and the Package Transform. In: *Fast
           Software Encryption* Springer, 1997, S. 210–218

[THM⁺07]   TUNSTALL, Michael ; HANLEY, Neil ; MCEVOY, Robert P. ; WHELAN, Claire ; MURPHY,
           Colin C. ; MARNANE, William P.: Correlation Power Analysis of Large Word Sizes. In:
           IET Irish Signals and Systems Conference (ISSC), 2007, S. 145–150

[Wik13]   WIKIPEDIA: *Heinrich Hertz — Wikipedia, Die freie Enzyklopädie.* http:
           //de.wikipedia.org/w/index.php?title=Heinrich_Hertz&oldid=118933657.
           Version: 2013. – [Online; Stand 19. Juni 2013]

[YWV⁺05]   YANG, Shengqi ; WOLF, Wayne ; VIJAYKRISHNAN, N. ; SERPANOS, D.N. ; XIE, Yuan:
           Power Attack Resistant Cryptosystem Design: A Dynamic Voltage and Frequency Swit-
           ching Approach. In: *Design, Automation and Test in Europe, 2005. Proceedings*, 2005. –
           ISSN 1530–1591, S. 64–69 Vol. 3